মৌলবাদ

কাব্য

সাগর শর্মা

ISBN 979-888569197-0

শ্রদ্ধেয় শিক্ষক বিপুল কান্তি বৈদ্যের পাদপদ্মে

বিষয়বস্তু

ভূমিকা

মৌলবাদ কবির জীবনের অন্যতম একটি কাব্য।এটি কবি ২০২১ সালের অক্টোবর থেকে ২০২২ সালের জানুয়ারি মাসের মধ্যবর্তী সময়ে রচনা করেন।কাব্যে ১১৮ টি মৌলের নাম ও তাদের আবিস্কারকের নাম সুবিন্যস্ত পদ্যে বর্ণিত আছে।সবই পয়ার ছন্দে রচিত।পরিশেষে বিভিন্ন পর্যায় ও শ্রেণীতে থাকা মৌলসমূহের ধর্মাবলিও পয়ার ছন্দে বর্ণনা করা হয়েছে।

স্বীকার

ধন্যবাদান্তে Notion Press Publication

প্রস্তাবনা

আমরা, ভারতের জনগণ, ভারতকে একটি সার্বভৌম সমাজতান্ত্রিক ধর্মনিরপেক্ষ গণতান্ত্রিক সাধারণতন্ত্র রূপে গড়িয়া তুলিতে, এবং উহার সকল নাগরিক যাহাতে :

সামাজিক, আর্থনীতিক এবং রাজনীতিক

ন্যায়বিচার·,

চিন্তার, অভিব্যক্তির বিশ্বাসের, ধর্মের ও

উপাসনার স্বাধীনতা ·,

প্রতিষ্ঠা ও সুযোগের সমতা নিশ্চিতভাবে লাভ

করেন·,

এবং তাঁহাদের সকলের মধ্যে ব্যক্তি-মর্যাদা ও জাতীয় ঐক্য ও সংহতির আশ্বাসক ভ্রাতৃভাব বর্ধিত হয়·,

তজ্জন্য সত্যনিষ্ঠার সহিত সংকল্প করিয়া আমাদের সংবিধান সভায় অদ্য, ২৬ শে নভেম্বর, ১৯৪৯ তারিখে, এতদ্দ্বারা এই সংবিধান গ্রহণ করিতেছি, বিধিবদ্ধ করিতেছি এবং আমাদিগকে অর্পণ করিতেছি।

কবি পরিচিতি

সাগর শর্মা

কবি সাগর শর্মা ১৪১১ বঙ্গাব্দের ২৪ বৈশাখ (০৭ই মে ২০০৪ইং) ত্রিপুরা রাজ্যের ধর্মনগরে জন্মগ্রহণ করেন। সাগর মূলত কবি হলেও এখন পর্যন্ত তিনি কবিতার পাশাপাশি গান, নাটক, অনুগল্প, ছোটগল্প, রম্যরচনা এবং বেশ কিছু প্রবন্ধ-নিবন্ধ লেখেছেন। বর্তমানে তিনি বীর বিক্রম ইনিস্টিটিউশনে একাদশ শ্রেণীতে বিজ্ঞান বিভাগে অধ্যয়নরত।

মৌলবাদ

1. প্রাককথন

শোনো ওহে বিশ্ববাসী শোনো দিয়া মন।
বিজ্ঞানেতে অন্যতম হল রসায়ন॥
পদার্থপ্রকার জানি পড়ে রসায়ন।
তিন ভাগে বিভক্ত – মৌল,যৌগ,মিশ্রণ॥
একশো আঠারো মৌলে ব্যাপ্ত এ জগৎ।
দ্বিনবতি প্রাকৃতিক তার বাকি অপ্রকৃত॥
ধাতু ত্রিনবতি আর সপ্ত ধাতুকল্প।
অষ্টাদশ অধাতু যে হয় অতি অল্প॥
মৌল নিয়ে রচে বোর পর্যায় সারণি।
সপ্তমোট পর্যায় তাতে আঠারো শ্রেণি॥
পর্যায় সংখ্যা মানে সর্বকক্ষ গুনি।
সম যোজ্য,সম ধর্মে প্রতি শ্রেণি গুণী॥
তন্মধ্যে 'দুষ্টু মৌল' হাইড্রোজেন তারে।
প্রথম বা সপ্তদশে যায় রাখিবারে॥
সব বাধা সেরে আমি হিমাদ্রী নন্দন।
মৌলবাদ গীতি এবে করিব বর্ণন॥

2. প্রথম অঙ্ক (প্রথম,দ্বিতীয় ও তৃতীয় পর্যায়)

ক্যাভেন্ডিস দিল যে হাইড্রোজেন নাম।
জনসেন উদ্ভাবিল মৌল হিলিয়াম॥
আর্ফভেডসন যন্ত্রে রচে লিথিয়াম।
ভাওকুয়েলিন উদ্ভবে বেরিলিয়াম॥
গে-লুসাক আবিষ্কার করিল বোরন।
জানি না কে কার্বনের করে উদ্ভাবন॥
রাদার্ফোর্ডে মৌল নাইট্রোজেনে আনিলে।
অক্সিজেন আবিষ্কারে জোসেফ প্রিস্টলে॥
যন্ত্রে মইশান করে ফ্লুরিনাবিষ্কার।
রেমসে করে নিয়ন নুমেনক্লেচার॥
ডেভি করে সোডিয়াম মৌল উদ্ভাবন।
ম্যাগ্নেশিয়াম নাম সে করিল স্থাপন॥
ওরস্টেড অ্যালুমিনিয়াম করে শোন।
বার্জেলিয়াস উদ্ভবে মৌল সিলিকন॥
বিজ্ঞানী ব্র্যান্ড সৃজে মৌল ফসফরাস।
সালফার জানি না কে করিল প্রকাশ॥
বিজ্ঞানী শীল করে ক্লোরিন উদ্ভাবন।
রেমসে ও রেলে মিলে সৃজিল আর্গন॥

৩. দ্বিতীয় অঙ্ক (চতুর্থ পর্যায়)

পটাশিয়াম দিল নাম বিজ্ঞানী ডেভি।
ক্যালসিয়াম তাঁরই সৃষ্ট জানে এ কবি॥
স্ক্যান্ডিয়াম উদ্ভাবিল বিজ্ঞ নিলসন।
গ্রেগর টাইটেনিয়াম করে রচন॥
বিজ্ঞানী ডেল রিও রচে ভ্যানেডিয়াম।
ভাওকুয়েলিনে সৃজে মৌল ক্রোমিয়াম॥
ম্যাঙ্গানিজ উদ্ভবে গতিলেব গহন।
জানি না কে করিল লৌহের প্রচলন॥
জর্জ ব্র্যান্ডট করে কোবাল্ট আবিষ্কার।
ক্রনস্টেডট দিল নিকেলের সাড়॥
জানি না কবে কোথা সৃজেছিল তামা।
দস্তাও জানা নেই বোধোয় সে অনামা॥
গ্যালিয়াম রচিল কইসবাউড্রান।
উইঙ্কলার দে জার্মেনিয়ামের প্রাণ॥
আর্সেনিক জানি না কে উদ্ভাবন করে।
বার্জেলিয়াস রচিল সেলেনিয়ামেরে॥
ব্যালার্ড বিজ্ঞানী পরে রচিল ব্রোমিন।
রেমসের ক্রিপটন বাতাসেতে দীন॥

4. তৃতীয় অঙ্ক (পঞ্চম পর্যায়)

বানসেন উদ্ভব করে রুবিডিয়াম।
ক্রাওফোর্ড প্রকাশে মৌল স্ট্রনটিয়াম॥
গ্যাডোলিন ইট্রিয়াম করে উদ্ভাবন।
জিরকোনিয়াম করে ক্ল্যাপ্রোথে রচন॥
নোবিয়াম মৌলটি থম্পসনের কাম।
বিজ্ঞানী সীলের রচা মলিবডেনাম॥
টেক্লেশিয়াম প্রকাশ করে পেরিয়ার।
ক্লোজ রুথেনিয়ামের করে আবিষ্কার॥
ওয়ালাস্টোন যে আনে মৌল রোডিয়াম।
সে ব্যক্তিই দিল পেলেডিয়ামের নাম॥
জানি না কে উদ্ভাবন করিল রৌপ্যের।
ক্যাডমিয়াম উদ্ভব করে স্ট্রোমেয়ের॥
বিজ্ঞানী রিচ যন্ত্রে রচিল ইন্ডিয়াম।
জানে না এ মন – টিন উদ্ভাবক নাম॥
অ্যান্টিমনি উদ্ভাবক নামে নাহি জ্ঞান।
টেলুরিয়াম মৌল রচে রিচেনস্টান॥
মৌল আয়োডিন রচে কোর্টওয়িসে।
জেনন আনন করে ট্রেভার্স,রেমসে॥

5. চতুর্থ অঙ্ক (ষষ্ঠ পর্যায়)

ক্যাশিয়াম উদ্ভাবন করে বানসেন।
ডেভি বেরিয়াম মৌল আবিষ্কারিলেন॥
মসেন্ডার আবিষ্কার করে ল্যান্থানাম।
বার্জেলিয়াস মৌল নাম দে ক্যারিয়াম॥
ওয়েল্সব্যাচ রচে প্রেসিয়োডীমিয়ম।
তিনিই রচিল ফের নিয়োডীমিয়ম॥
প্রমেথিয়াম তৈরী করে মেরিনস্কাই।
মেরিগনেকে সামারিয়ামে দিল ঠাঁই॥
বিজ্ঞানী ডেমার্কে রচে ইউরোপীয়াম।
মেরিগনেক আনিল গ্যাডোলিনিয়াম॥
ডাবনায় রচিল ডাবনিয়াম প্রাণ।
ডিস্প্রোসিয়াম রচে বয়েসবাউড্রান॥
হলমিয়াম সযত্নে রচিলেন ক্লীভ।
আরবিয়ামেরে করে মসেন্ডারে জীব॥
ক্লীভ মৌল থুলিয়াম করিল রচন।
ইটের্বীয়ম মসেন্ডার করে সৃজন॥
লুটেশিয়াম দে নাম বিজ্ঞ আরবান।
কস্টার হাফনিয়াম নাম করে দান॥
একেনবার্গ টেন্টালুম আবিষ্কারেন।
হোয়ান হোসের মৌল হল টাংস্টেন॥
বিজ্ঞানী নোডাক আনে মৌল রেনিয়াম।
টেন্যান্ট রচিল সে হয় অসমিয়াম॥
টেন্যান্ট ইরিডিয়াম প্রকাশ করিয়া।
প্ল্যাটিনাম আবিষ্কারে বিজ্ঞানী উসোয়া॥
জ্ঞাত নই,কে যে কবে রচেছিল সোনা।

মার্কারি, জনম তারি কেমনে জানি না॥
ক্রুকস নামে বিজ্ঞানী সৃজে থ্যালিয়াম।
জানি না কখন শীসা পেয়েছিল নাম॥
ক্লোড জিওফ্রয় বিসমাথ উদ্ভাবিল।
মেরী কুরী পোলোনিয়াম নাম যে দিল॥
অ্যাস্টাটিন উদ্ভাবন করে কারসন।
রেডন সযতনে রচে আর্নেস্ট ডর্ন॥

৬. পঞ্চম অঙ্ক (সপ্তম পর্যায়)

ফ্র্যান্সিয়াম রচন করে বিজ্ঞান পেরে।
রেডিয়াম ম্যারী কুরী উদ্ভাবন করে॥
অ্যাক্টিনিয়ামের নাম ডেব্রিয়ার্ন দিল।
বার্জেলিয়াস থোরিয়াম মৌলে আনিল॥
ফাজানস রচে মৌল প্রোটেক্টিনিয়াম।
ক্ল্যাপ্রোথ রচনা করে ইউরেনিয়াম॥
নেপচুনিয়াম করে যে ম্যাকমিলান।
সেবর্গ প্লুটোনিয়ামে দিয়েছিল প্রাণ॥
অ্যামারিসিয়াম সেবর্গে রচনা করে।
সেই আবিষ্কারিল কুরিয়াম মৌলেরে॥
বার্কিলিয়াম উদ্ভব করে থম্পসন।
ক্যালিফোর্নিয়াম সেই করিল সৃজন॥
গিয়রসো সৃষ্টে আইনস্টাইনিয়াম।
তিনিই রচিল পরে মৌল ফার্মিয়াম॥
মেন্ডেলেভিয়াম যন্ত্রে রচে থম্পসন।
সেবর্গ নোবেলিয়াম করে উদ্ভাবন॥
লরেন্সিয়ামের নাম গিয়রসো দিল।
রাদার্ফোর্ডিয়াম পরে তিনি উদ্ভাবিল॥
ডুবনিয়াম রচে ডাবনার বিজ্ঞানী।
সিবোর্গিয়ম গিয়রসো সৃষ্টে তা জানি॥
বোহরিয়াম আনে বিজ্ঞানী ডাবনার।
হ্যাসিয়াম রচনা করে আর্মব্রাস্টার॥
মাইটনেরিয়াম দেয় আর্মব্রাস্টার।
সেই ডার্মস্টাটিয়াম করে আবিষ্কার॥
আর্মব্রাস্টারই রচে রন্টজেনিয়াম।

তিনিই আনিল শেষে কোপার্নিসিয়াম॥
রিকেন নিহোনিয়াম আবিষ্কার হয়।
ফ্লেরোভিয়াম জন্মে লরেন্স, ডাবনায়॥
ডাবনায় মস্কোভিয়াম সৃজন হল।
লিভারমোরিয়াম নাম লরেন্সে পেল॥
টেনেসাইন ওগানেসিয়ানে রচায়।
ওগানেশন জন্ম নে তাঁর করুণায়॥

7. উপসংহার

মৌলসৃষ্টি ইতিহাস করিয়া রচন।
মৌলের প্রকৃতি এবে করিব বর্ণন॥
প্রথম শ্রেণির মৌল ক্ষারধাতু জানি।
ক্ষারীয় মৃত্তিকা হইল দ্বিতীয় শ্রেণি॥
সোনা,রুপা,তামা নাম মুদ্রা ধাতবতে।
নিকটোজেন মৌল থাকে পঞ্চদশেতে॥
চ্যালকোজেন হল জেনো শ্রেণিতে ষোলো।
সপ্তদশে মৌল গুলি হ্যালোজেন মৌল॥
আঠারো নিষ্ক্রিয়,ইউরেনিয়াম পর।
তেরোটি মৌল যে ইউরেনিয়ামোত্তর॥
ল্যান্থানাম পরে যেই চৌদ্দ মৌল পাই।
বিরল মৃত্তিকা মৌল জানেন সবাই॥
যে চৌদ্দ মৌল অ্যাকটিনিয়ামের পরে।
অ্যাকটিনাইড মৌল যায় বলিবারে॥
হিলিয়াম সহ প্রথম,দ্বিতীয় শ্রেণি।
'এস'-ব্লক মৌল বলে মনে রেখো জানি॥
তেরো থেকে আঠারো ও হিলিয়াম ছাড়া।
'পি'-ব্লকের মৌল বলে পরিচিত ওরা॥
তিন হতে বারো শ্রেণি মৌলগুলি সবে।
'ডি'-ব্লকের মৌল বলে অভিহিত ভবে॥
বিরল মৃত্তিকা ও অ্যাক্টিনাইড মৌল।
'এফ'-ব্লকের মৌলে সুবিদিত হইল॥
বিজ্ঞাল মধ্যে মৌলের আছে ভবিতব্য।
শ্রীসাগর শর্মা রচে মৌলবাদ কাব্য॥

www.ingramcontent.com/pod-product-compliance
Lightning Source LLC
Chambersburg PA
CBHW020857160726
47993CB00004B/1700